하나님, 감사해요

우리는 하나님의 가족이에요

하나님께서는 우리가 순종하기를 원하세요

예꿈 3(3-5세) 교회학교용

발행인 | 하용조
편집장 | 김정순
기획 및 편집 | 박승훈, 한인숙
연구위원 | 고은님, 권교화, 김윤미, 박길나, 이은연, 이은정, 이향순, 표순옥(가나다순)
교정 교열 | 고진쥬
편집디자인 | 권순영, 장원영
표지 일러스트 | 이은정
표지디자인 | 김인숙
일러스트 | 구성은, 박민정, 박현주 안창숙, 황문희
사진 | 임귀주

초판발행 | 2008. 6. 7.
2판 1쇄 발행 | 2024. 5. 23.
등록번호 | 제1988-000080호
등록처 | 서울특별시 용산구 서빙고로65길 38 두란노빌딩
발행처 | 사단법인 두란노서원
영업부 | 2078-3352 FAX | 080-749-3705
출판부 | 2078-3331

ISBN 978-89-94773-57-5 03230
책값은 뒷표지에 있습니다.

독자의 의견을 기다립니다. http://www.duranno.com

Originally published in the U.S.A.
Under the title
Walk with Me Sunday curriculums kindergarten and Grade 1

예꿈 3(3~5세)

차례

1 낮과 밤을 주셔서 감사해요

빛의 목걸이 만들기

깜깜했던 세상에 하나님께서 "빛이 있으라." 하고 빛을 창조하셨어요.
낮에도 빛이 있어요. 밤에도 빛이 있어요.

1. 목걸이 메달을 만들 두 장의 종이를 떼어 냅니다.
2. 두 장의 종이를 점선에 따라 접고 붙이면 메달이 완성됩니다.
3. 메달에 끈을 달아 목걸이를 만듭니다.
4. "빛이 있으라." 하고 외치며 메달을 펼쳐 봅니다.
5. 하나님께서 만드신 빛의 이름과 밤낮을 연결해 봅니다. ㄴ

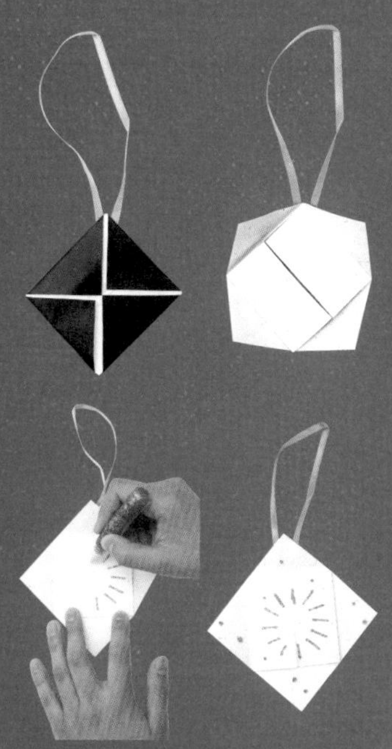

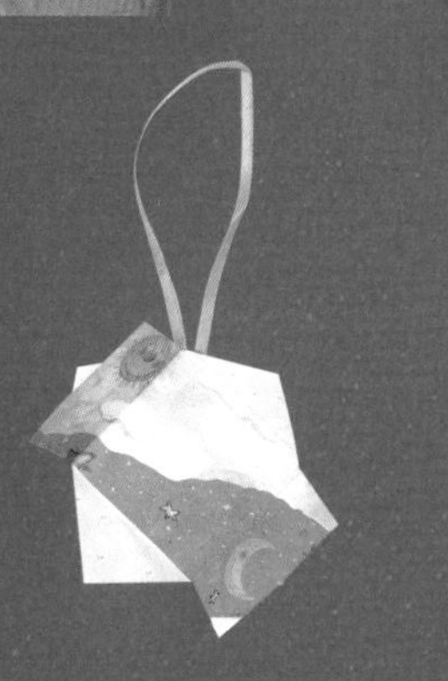

함께 이야기해요

깜깜한 세상에 빛이 없었다면 어떻게 되었을까요?
우주에서 바라보는 별빛은 어떤 느낌일까요?

함께 기도해요

멋진 빛을 만들어 주신 하나님, 감사합니다.
햇빛과 달빛, 별빛을 볼 때 하나님을 생각하며
감사하게 해 주세요.

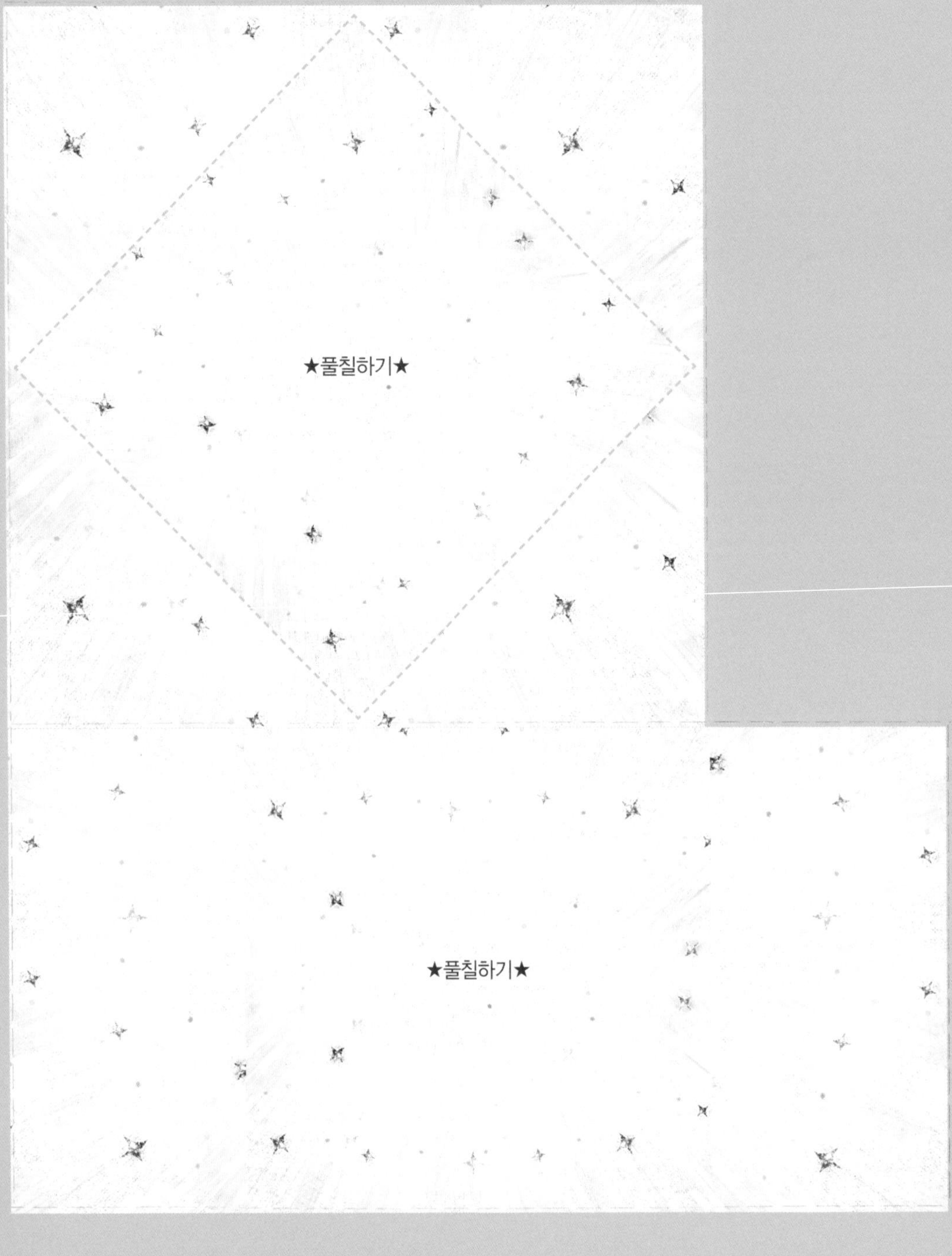

★풀칠하기★

★풀칠하기★

2 땅과 물 그리고 식물을 주셔서 감사해요

식물 이름표 만들기

하나님께서 땅과 바다를 나누시고, 땅 위에 식물을 주셨어요.

화분에 예쁜 씨앗을 심어요.
식물 이름표에 이름을 쓰고, 화분에 꽂아주세요.

함께 이야기해요

씨앗이 자라면 무엇이 될까요?
식물을 자라게 하시고 만드신 분은 누구일까요?

함께 기도해요

땅과 과일과 나무를 만드신 하나님, 감사합니다.

3 물고기와 새와 동물들을 주셔서 감사해요

동물 완성하기

하나님께서 다양한 동물을 만드셨어요. 멋진 하나님의 작품을 살펴보세요.

그런데 어딘가 빠진 부분이 있어요.

27쪽 그림으로 완성해 볼까요?

※점을 이어 그림을 완성하세요.

함께 이야기해요

눈을 감고 숲 속, 하늘 위, 물속을 생각해 보세요.
어떤 동물들이 보이나요?
제일 좋아하는 동물은 무엇인가요?

함께 기도해요

여러 가지 모양의 멋진 동물을 만들어 주신 하나님,
감사합니다.

우리를 만드셔서 감사해요

창조 카메라 만들기, 찰칵찰칵!

하나님께서 세상을 만드신 후 사람을 지으셨어요.
우리는 하나님께서 만드신 세상을 마음껏 누리며 하나님을 찬양해요.
하나님의 멋진 세상 사진을 찍어 보세요.

1. 카메라 그림과 필름 그림을 떼어냅니다.
2. 선대로 접어 카메라를 완성하고 필름을 칼선에 끼워 붙입니다.
3. 그림을 돌려가며 하나님께서 창조하신 멋진 세상을 맘껏 누리는 사람들을 살펴봅니다.

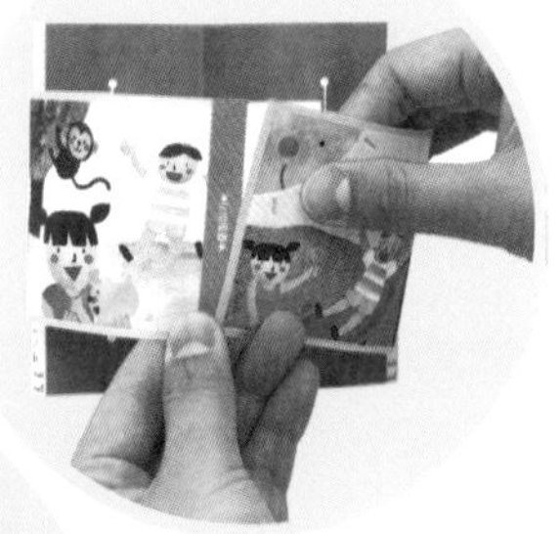

함께 이야기해요

하나님께서 창조하시고 하신 말씀은 무엇이었나요?
나에게 가장 많은 도움을 주는 창조물은 무엇일까요?

함께 기도해요

하나님께서 만드신 세상은 참 놀라워요.
하나님께서 주신 모든 것에 감사하며 하나님의 특별한 청지기로 세상을 다스리며 살아갈래요.

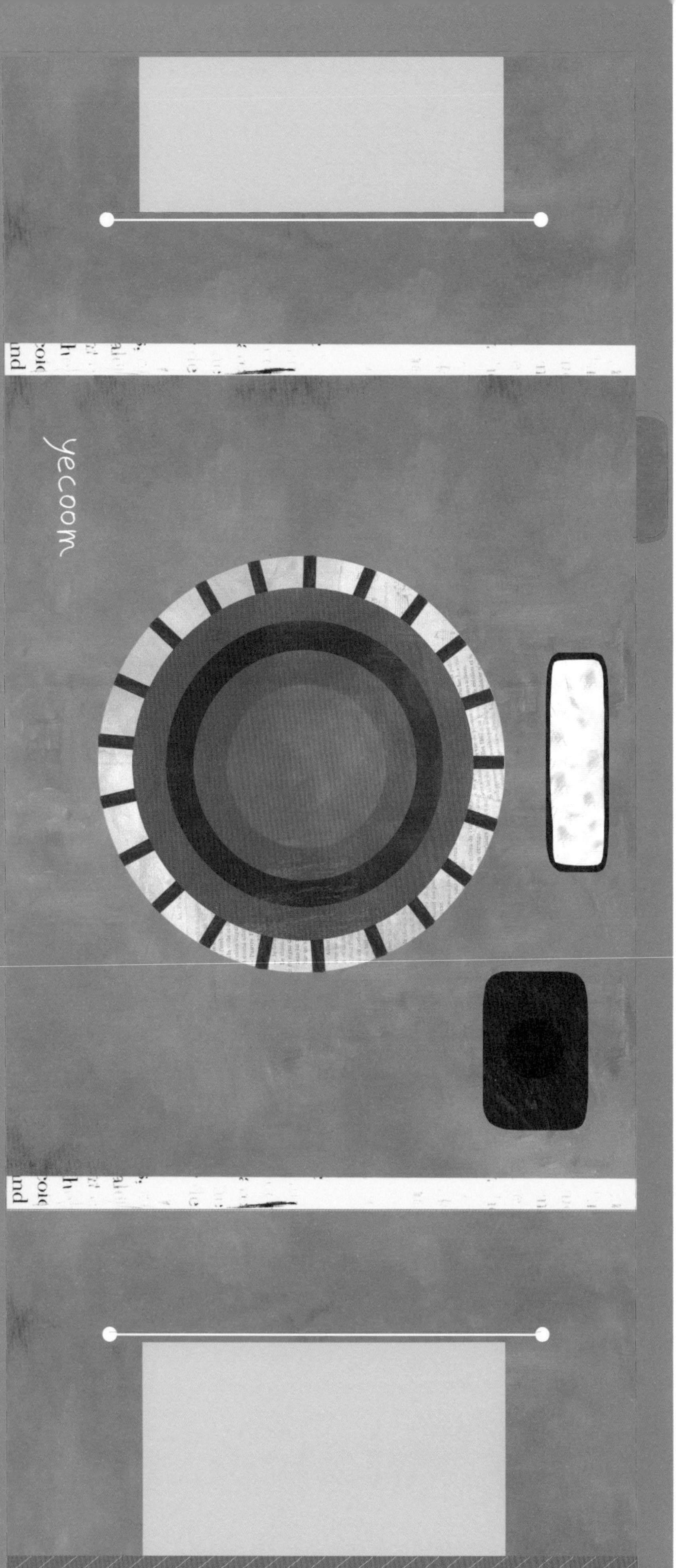

yecoom

★풀칠하기★

5 하나님의 가족이 자라가요

복음의 지구본 만들기

성령님이 오셔서 하나님의 가족들이 많아지게 하셨어요. 그래서 온 세계에 하나님의 교회가 가득해요.

1. 그림 막대를 떼어내서 순서대로 가지런히 정리하세요.
2. 그림 막대의 위아래 구멍을 할핀으로 고정합니다.
3. 그림 막대를 펼치면 둥근 지구본이 완성됩니다.
4. 지구본의 한쪽 끝에 반짝이는 응원수술을 매답니다.
5. '복음의 지구본'을 위로 던져보세요.
   지구본이 응원수술을 날리며 공중에서 내려오는 것을 보며 성령님을 보내신 하나님께 감사하며 기뻐하세요.

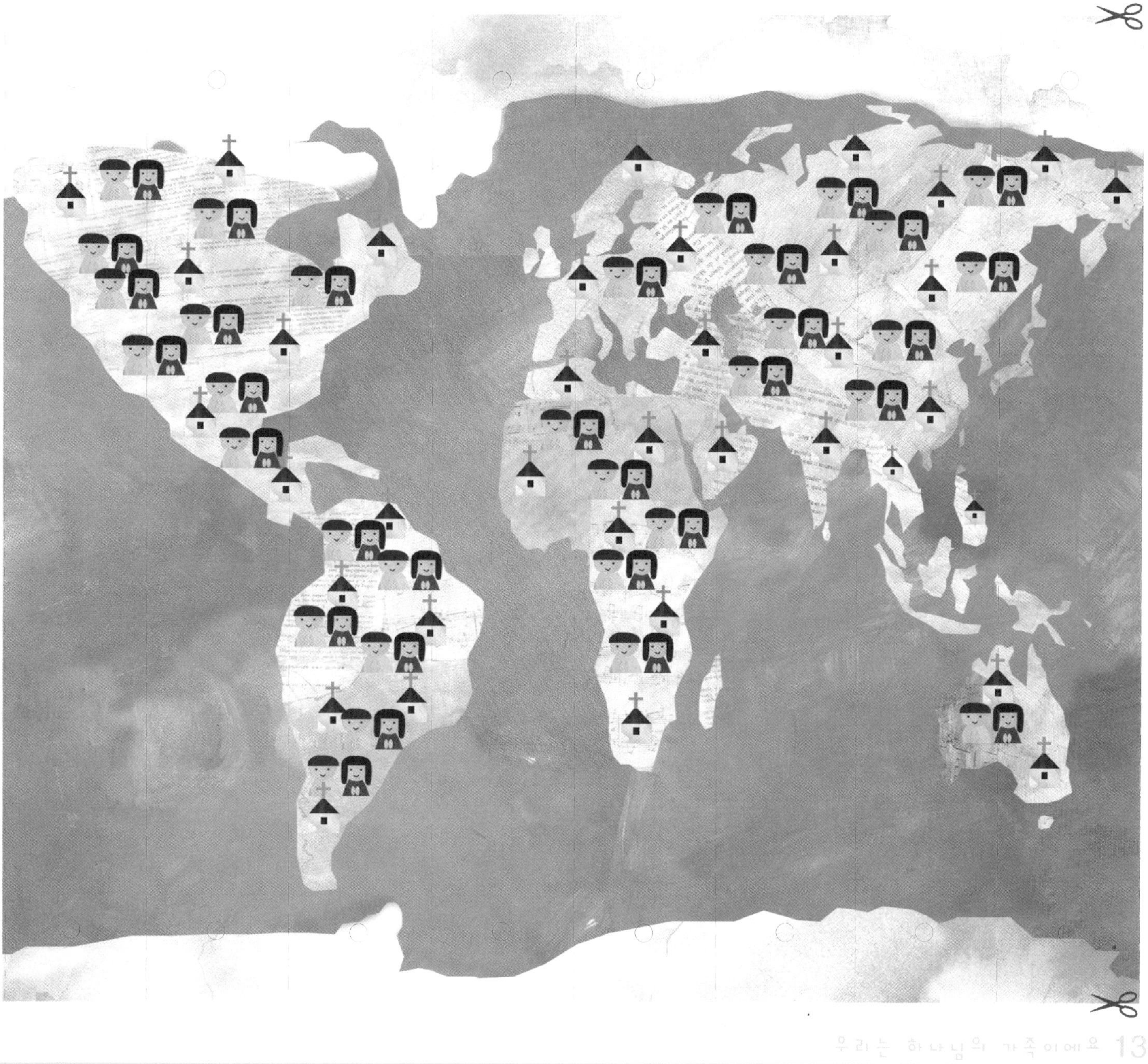

함께 이야기해요

교회에 다니는 우리는 모두 하나님의 가족이에요.
가족이 모두 함께 만났을 때 우리의 마음은 어떤가요?
하나님의 가족이 온 세계에 가득해요.
하나님의 마음은 어떠실까요?

함께 기도해요

성령님을 보내주셔서 감사해요.
하나님의 가족이 많아지게 해주셔서 감사해요.

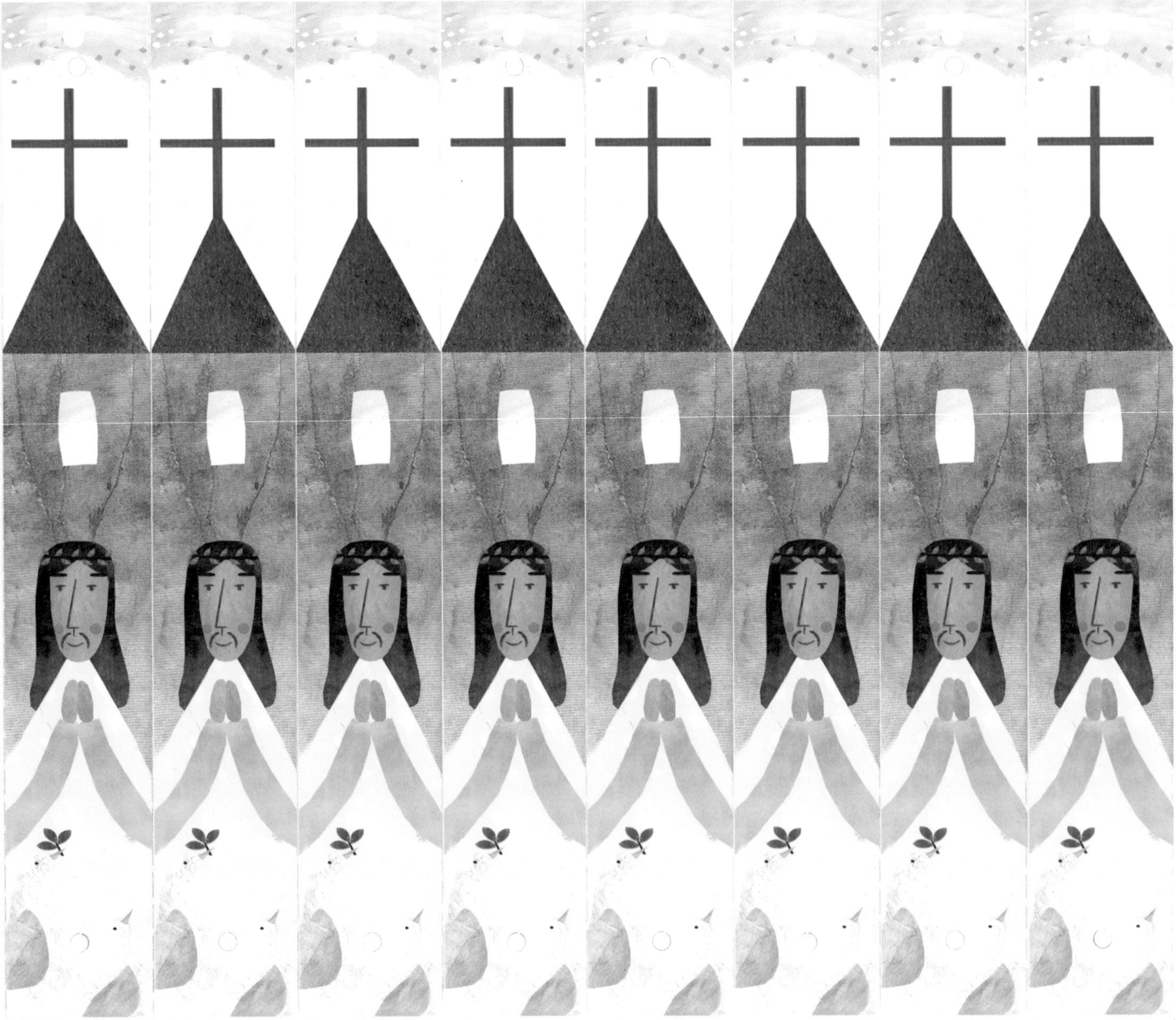

6 하나님 가족은 이렇게 살아요

사랑의 교회 만들기

성령님은 우리를 예수님 안에서 가족이 되게 하시고, 함께 모여 성령님이 주신 각자의 은사대로 섬기게 하셨어요.

1. 선대로 접고 27쪽 지붕을 붙입니다.
2. 27쪽 십자가를 붙입니다.
3. 창문을 열고 교회 안의 모습을 살펴봅니다.

함께 이야기해요

하나님의 가족은 모여서 무엇을 했나요? (행 2:47)

함께 기도해요

제가 하나님의 가족으로 아름답게 살도록 도와주세요.

★풀칠하기★

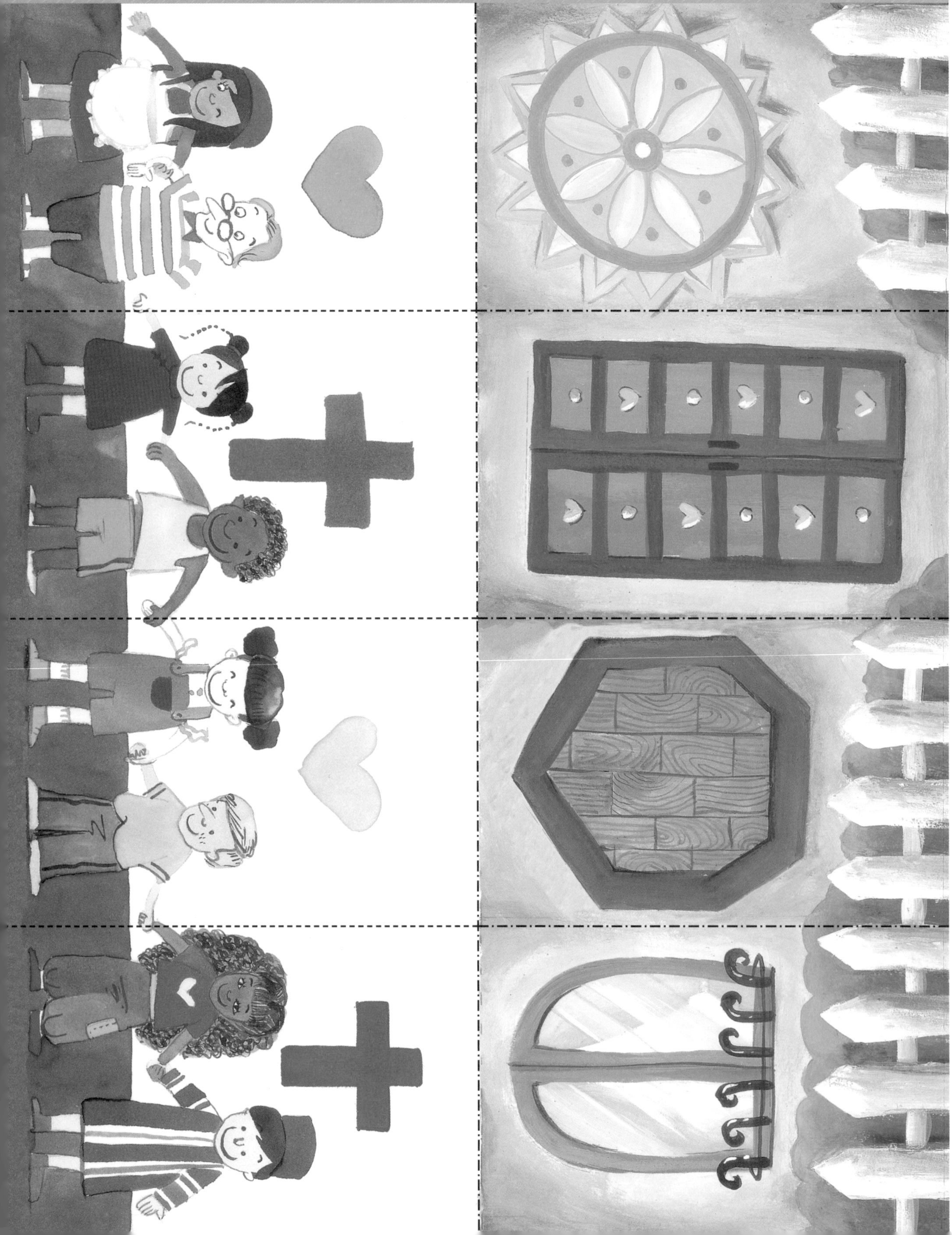

7 하나님의 일을 해요

성령의 허리띠

부록의 성령의 허리띠 그림을 보며 이야기를 나눠 보세요.
예수님이 아픈 사람들을 고치신 것을 기억하며, 제자들도 우리도 아픈 사람을 위해 기도해요.
예수님이 많은 사람에게 필요한 것을 나눠 주신 것을 기억하며, 제자들도 우리도 서로 나누어요.

1. 성령의 허리띠를 모양대로 자르고, 양쪽 끝에 찍찍이를 붙여 허리에 둘러 보세요.
2. "성령님, 도와주세요."라고 기도하며 예수님을 닮아가요.

함께 이야기해요

성령의 허리띠를 두르고 우리가 할 수 있는 예수님을 닮은 행동은 어떤 것이 있을까요?

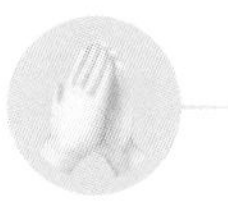

함께 기도해요

성령님! 도와주세요.
나도 예수님을 닮은 아이가 되고 싶어요.

8 서로 돌보아주어요

아이 돌보기

도움이 필요한 아이가 있네요.
우리가 어떻게 도울 수 있을까요?
27쪽 그림을 이용해 도와주세요.

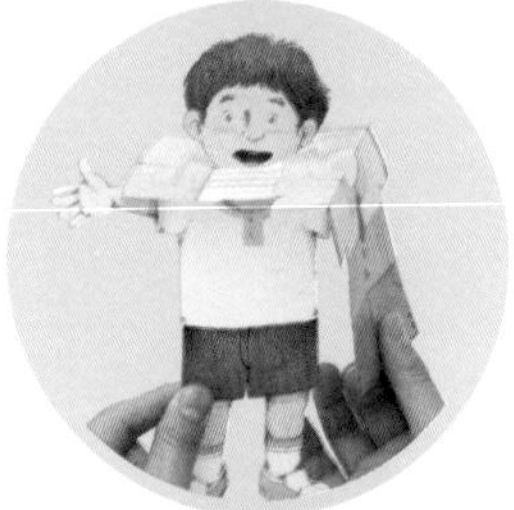

함께 이야기해요

인형 아이를 돌보니 마음이 어떤가요?
실제로 다른 사람을 도와준 적이 있나요?
이렇게 남을 도울 수 있는 마음은 누가 주셨을까요?

함께 기도해요

성령님, 내 마음에 오셔서 예쁜 마음, 돕는 마음으로 만들어 주세요.

9 다니엘과 순종한 친구들

액자 만들기

다니엘과 세 친구는 아무리 맛있는 음식이라도 우상에게 바쳤던 음식은 먹지 않았어요.
사랑하는 하나님께 순종하고 싶으니까요.

1. 액자를 완성합니다.
2. 29쪽 식탁그림 카드를 끼우고 이야기를 나눕니다.

함께 이야기해요

(선생님의 질문을 듣고 O, X 카드를 들어서 보입니다.)

하나님께서는 다니엘과 친구들을 지켜 주셨어요.
다니엘은 왕이 주신 음식을 먹지 않아서 힘이 없어졌어요.
하나님께서는 다니엘과 친구들에게 지혜를 많이 주셨어요.
하나님께서는 우리나라를 다스리세요.
나는 하나님께 순종해요.
하나님께서는 나를 안전하게 지켜 주세요.

함께 기도해요

나를 사랑하시는 하나님, 감사합니다.
다니엘과 세 친구처럼 저도 하나님께 순종하고 싶어요.

★풀칠하기★

10 다니엘의 친구들과 불타는 불구덩이

세 친구를 지키셨어요

뜨거운 불에서도 다니엘의 세 친구를 지키신 하나님, 감사해요.
언제나 우리를 지키시는 하나님, 감사해요.

1. 불구덩이, 다니엘의 세 친구 그림을 떼어 냅니다.
2. 불구덩이의 창문을 떼어 내고 불구덩이의 문을 접어서 닫습니다.
3. 세 친구 그림을 잃어버리지 않게 리본이나 끈으로 연결하여 불구덩이 그림 안쪽에 붙입니다.
4. 29쪽 다니엘의 세 친구 그림을 불구덩이에 넣고 문을 닫습니다.
5. 불구덩이를 뒤집어 창문으로 보면서 누가 지켜 주시는지 이야기합니다.
6. 세 친구를 다시 불구덩이에서 꺼내고 하나님을 찬양합니다.

함께 이야기해요

누가 세 친구를 도와주셨나요?
하나님께서는 어떻게 뜨거운 불 속에서 세 친구를 도와주실 수 있었을까요?

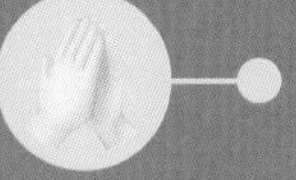

함께 기도해요

우리를 지켜 주시는 하나님, 감사해요.

다니엘과 느부갓네살 왕

누가 가장 큰 지도자인가요?

하나님께서는 느부갓네살 왕에게 온세상을 다스리시는 분이 하나님이심을 가르치셨어요.
하나님께서는 나를 다스리고, 우리 가정을 다스리고, 왕을 다스리시는 가장 크신 분이에요.

1. 31쪽의 가 종이를 선을 따라 부채 접기합니다.
2. 31쪽의 나 종이를 번호에 맞춰 붙입니다.
3. 뒷면부터 차례로 잡아당겨 펼치며 이야기합니다.

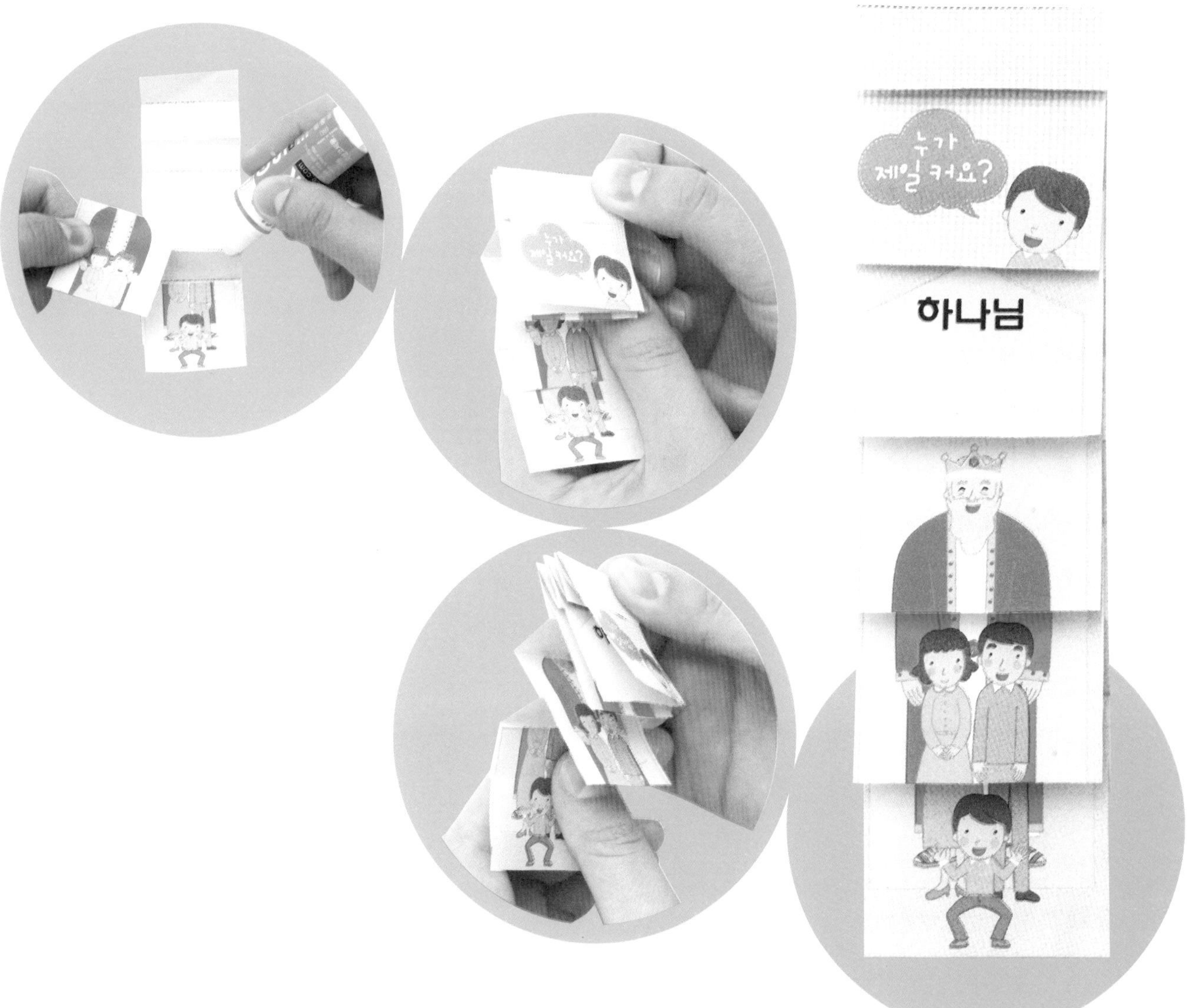

함께 이야기해요

왕이나 대통령을 다스리시는 분은 누구인가요?
나를 다스리는 가장 가까운 분은 누구인가요?
우리를 다스리고 섬기는 지도자들을 위해 기도할 수 있어요.

함께 기도해요

우리를 다스리시는 하나님, 감사해요.

12 다니엘과 사자 굴

사자 입 바느질 하기

사자 굴속의 다니엘은 어떻게 되었나요?
사자 굴 속에서도 하나님께서 다니엘을 보호해 주셨어요.

1. 사자 갈기를 떼어 세웁니다.
2. 선대로 접어 사자의 입이 맞물리게 합니다.
3. 사자 입에 끈을 묶습니다.

함께 이야기해요

배가 고파 으르렁거리는 사자들은 왜 잠잠해졌을까요?
다니엘은 사자 굴 속에서 어떻게 되었나요?
다니엘처럼 하나님만 예배하고 따르고 싶나요?

함께 기도해요

다니엘처럼 하나님만
예배하는 어린이가 되게 해 주세요.

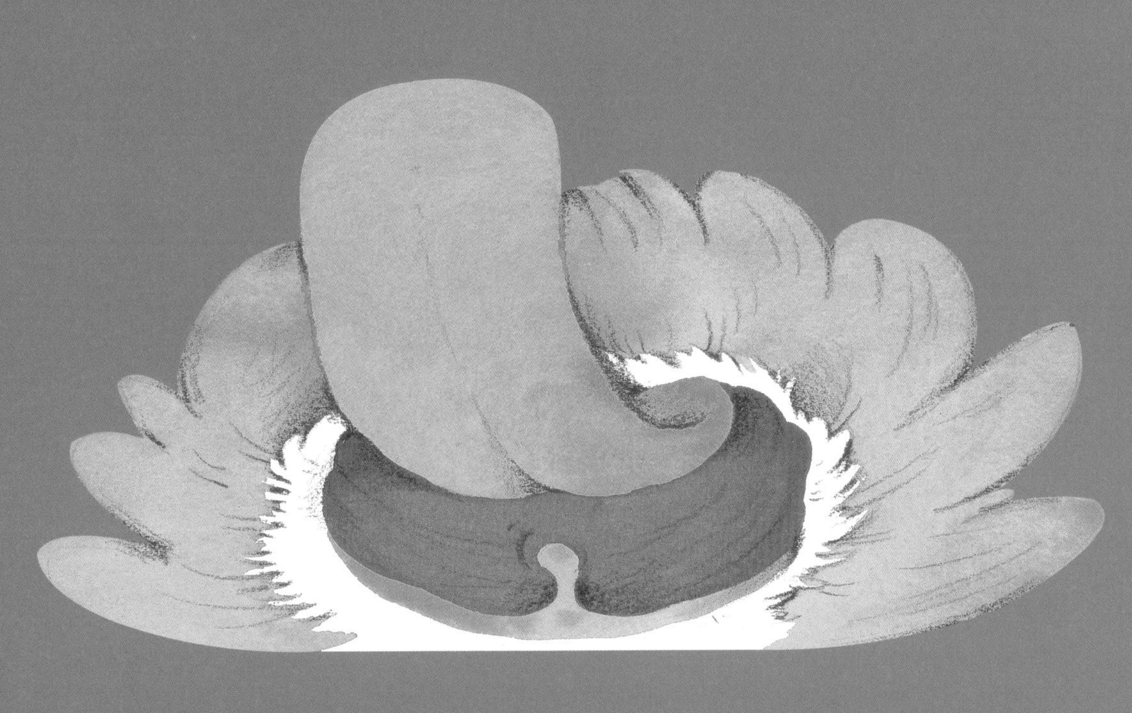

3과 물고기와 새와 동물들을 주셔서 감사해요

6과 하나님 가족은 이렇게 살아요

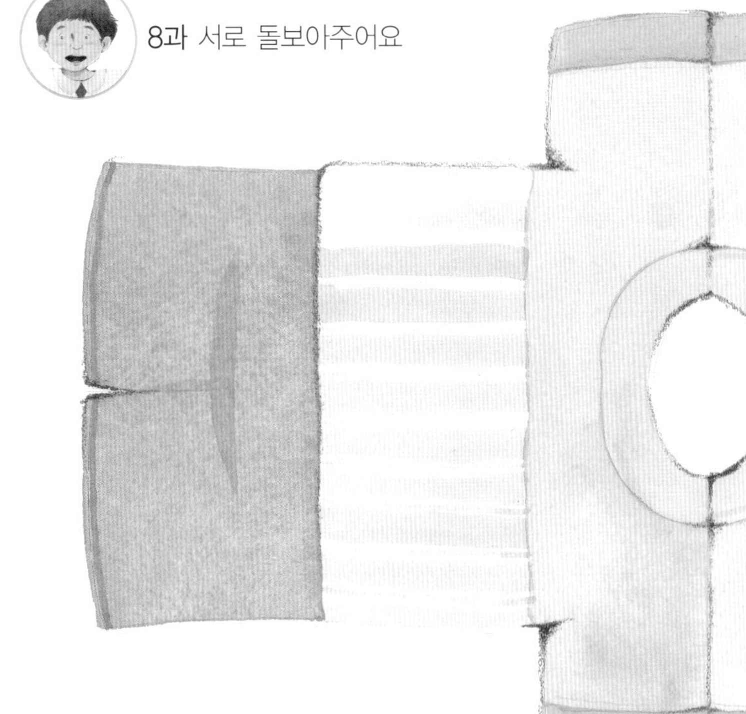

8과 서로 돌보아주어요

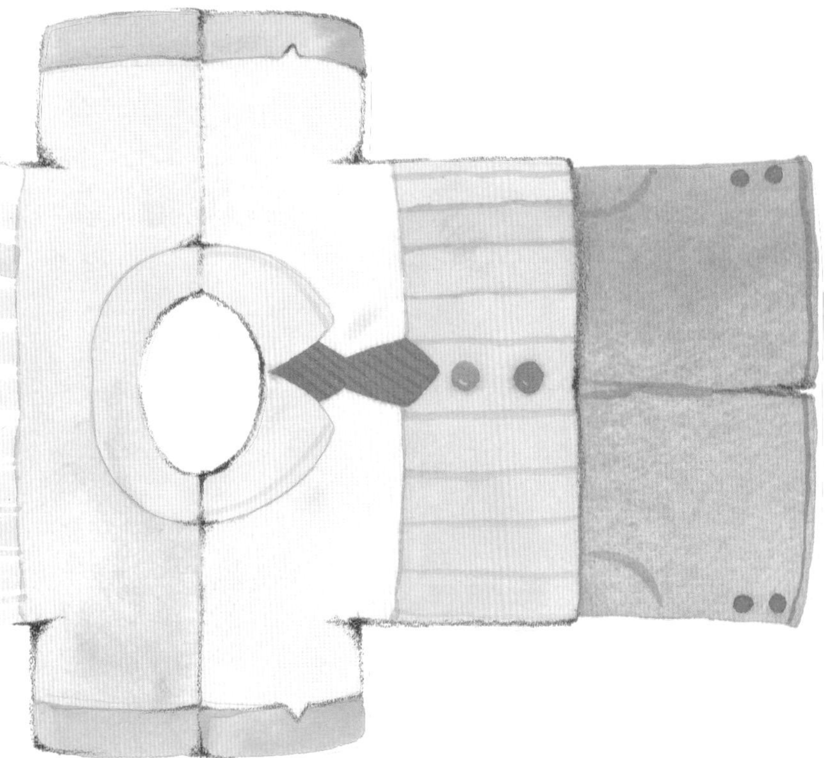

★풀칠★

★풀칠하기★

★풀칠★

★풀칠하기★

9과 다니엘과
순종한 친구들

10과 다니엘의 친구들과
불타는 불구덩이

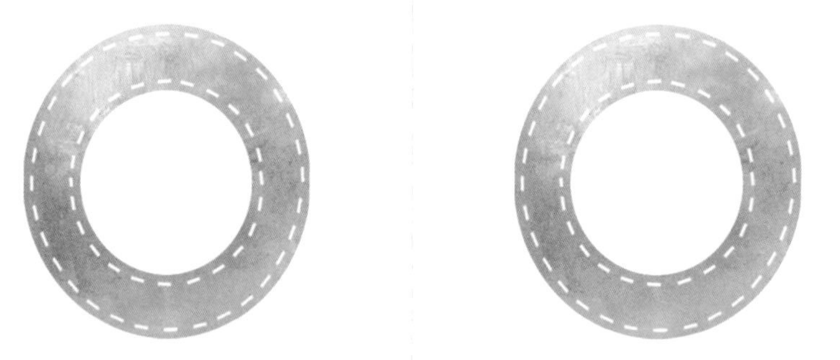

나

가

★풀칠하기★
Ⓐ
Ⓑ
Ⓒ
Ⓓ
Ⓔ
★풀칠하기 Ⓓ★
★풀칠하기 Ⓐ★
★풀칠하기 Ⓔ★
★풀칠하기 Ⓑ★
★풀칠하기 Ⓒ★